AF245182

APPEL

AUX

JEUNES FRANÇAIS.

TRIBUNE DE LA JEUNE FRANCE.

PRIX : 1 FR.

Paris,

CHAUMEROT, LIBRAIRE, PALAIS-ROYAL,

GALERIES DE BOIS ;

ET LES MARCHANDS DE NOUVEAUTÉS.

1828.

Nous avons cru satisfaire à un des plus pressants besoins du temps extraordinaire où nous vivons, en publiant cet écrit, tracé avec trop de hâte peut-être. Il met à l'épreuve les jeunes Français du 19ᵉ siècle. Notre style est celui d'une naturelle et franche indignation; il plaira aux cœurs généreux. Nous sommes bref; mais nous serons toujours assez compris, si nous devons l'être.

APPEL

AUX

JEUNES FRANÇAIS.

La société ne put jamais être mieux comparée qu'aujourd'hui à une vaste scène où figurent les acteurs les plus divers, dont la maladresse laisse quelquefois tomber le masque qui couvre leurs traits bizarres ou hideux. Derrière ces personnages d'autres apparaissent, et sur leurs fronts découverts brille une noble espérance ; ils chassent devant eux les premiers, et l'on entend sortir de leurs rangs pressés des voix qui s'écrient : *Honneur, loyauté, patrie...* La France applaudit à ces généreux accents.

Dans l'ordre physique, la génération qui s'élève est entièrement distincte de la génération qui s'éteint : cela est aujourd'hui vrai dans l'ordre moral. Un événement qui occupera la première place dans les annales du monde, un événement que la postérité méditera sans cesse, et où elle puisera, comme nous, les leçons les plus solennelles, la révolution française, en un mot, a introduit dans nos mœurs cette grande et extraordinaire anomalie. S'il est facile de l'apercevoir, il est plus facile encore de juger laquelle des deux générations l'emporte sur l'autre.

Si la révolution française se fût accomplie en un jour, si elle eût conservé jusqu'au bout son caractère d'unité et d'indivisibilité, si elle eût pu élever, sans efforts et sans secousses, l'autel de la Liberté sur des fondements inébranlables, le pays ne renfermerait dans son sein que deux classes d'hommes politiques : les uns, amoureux des temps anciens, les autres, pleins de foi et d'enthousiasme pour les systèmes nouveaux. Mais il en fut autrement : quatorze siècles luttaient contre la révolution, et de cette lutte terrible elle sortit victorieuse, il est vrai, mais épuisée, haletante, et comme embarrassée dans sa marche au milieu des débris humains qu'elle avait amoncelés autour d'elle, des passions, des haines, des vengeances qu'elle avait soulevées de toutes parts. Bientôt, elle se jeta dans les bras du despotisme : mais elle ne s'y endormit pas long-temps; et, après avoir expié ainsi ses inévitables imprudences, elle s'est élancée de la pointe d'un rocher solitaire; et, consacrée, pour ainsi dire, par le serment de deux rois, elle poursuit à jamais le cours de ses immortels triomphes !

Et cependant, où sont ses partisans, ses défenseurs, ses héros ?... Dans le court intervalle qui s'est écoulé depuis le jour où la révolution fit les premiers pas dans la carrière immense qui est ouverte désormais devant elle, que sont devenus ces noms illustres ; que sont devenues ces gloires si pures , si grandes, et que le génie de la France semblait devoir couvrir de son égide? Quel abîme a tout englouti?... Ah ! nous pouvons pardonner à des âmes vulgaires les regrets, les plaintes , les blasphèmes contre cette révolution qui anéantit sans retour les priviléges honteux et barbares, pour y substituer les droits sacrés fondés sur la nature et sur la raison universelle ; nous pardonnons à des esclaves nés , à des êtres corrompus et vils , d'offrir encore leurs bras à des chaînes dorées ; mais le mépris fait place à l'horreur et à une profonde indignation, lorsque nous voyons les mêmes hommes qui avaient combattu , versé leur sang pour la liberté , mendier bientôt après le prix de leurs combats et de leurs nobles sacrifices , ramper dans les antichambres d'un soldat parvenu , et cacher dans ce moment leur trahison et leur infamie sous le poids fastueux des plus futiles décorations !... Pour ces hommes , il n'y a point de grâce... Eh bien ! leur histoire n'est-elle point celle de presque tous leurs contemporains ? Les sommités de l'ordre social ne sont-elles point presque toutes actuellement envahies, ou par les apostats de la révolution, valets de l'empire, ou par ces caméléons de tous les temps et de tous les lieux, qui ont toujours leur conscience à vendre à quiconque la veut acheter?... Cette tourbe exécrable, qui suit des drapeaux divers, et a des signes différents, n'est poussée que par les mêmes mobiles : *une basse ambition et une insatiable cupidité !*

Tel est, jeunes Français, le triste et douloureux spectacle qui se présente à nos regards. Voilà donc le fruit des troubles civils qui ont agité si long-temps notre malheureuse patrie ! voilà donc le fruit de vingt années de triomphes militaires !.. Ceux qui ont survécu à tant et de si extraordinaires catastrophes, n'en ont conservé que de vaines traditions, et que d'impuissans souvenirs !.. Les institutions libérales qui unissent la France à son roi n'ont pu arracher qu'une foi mensongère à ces cœurs dégénérés et serviles. Ils ont désespéré une fois de la France, et la France ne doit plus espérer en eux !.. Ces vérités sont cruelles, sans doute ; mais pourquoi craindrions-nous de les avouer ? Chaque moment nous les montre encore sous un jour plus affreux. La corruption a étendu ses ravages ; et les esclaves d'hier ont eu aujourd'hui leurs esclaves ; hier, ils composaient la cour du tyran, et ils ouvrent aujourd'hui leurs palais à la foule empressée de leurs stupides adulateurs !.. Ils ont répandu dans tous les rangs de la société, échappée à peine à de longues tourmentes, la cupidité et l'ambition dont ils avaient été dévorés, dont ils sont dévorés encore.... Oui, nous vous en attestons, jeunes Français ! la franchise, la bonne foi, l'amour pur et désintéressé de la chose publique, sembleraient exilés de notre pays, si nous n'étions appelés à en donner bientôt nous-mêmes les premiers exemples !.

La France n'a donc point de plus dangereux ennemis que ces tartufes politiques dont elle porte encore la dégoûtante livrée. Quant aux courtisans d'un autre âge, n'abaissons plus jusqu'à eux notre attention. Laissons-les exhaler leur dernier souffle au milieu de la risée universelle. Mais entourons d'une légitime méfiance tous ces beaux orateurs, dont le verbeux et sonore patriotisme retentit sans cesse à nos oreilles fatiguées. Interrogeons leur vie privée ; car, quoi qu'on en ait dit, la vie privée ne doit pas être murée, elle doit être transparente, s'il est possible, comme le voulait un vertueux citoyen de l'antiquité. L'hypocrisie est une mauvaise ménagère du scandale. Eh bien ! que répond la vie privée ? s'harmonise-t-elle avec la vie extérieure et, pour ainsi dire, fantasmagorique ? non. Cet abandon si philosophique, dont on faisait un pompeux étalage, n'est plus qu'un sec et dur égoïsme ; cette grandeur d'âme si admirable n'est plus qu'une ridicule et sotte insolence ; l'homme a changé, ou plutôt, le voilà tel qu'il est, le voilà réduit à ses véritables proportions ; voilà le pygmée qui, monté sur des tréteaux, se disait un colosse. Peut-être croit-il l'être devenu, car il voit maintenant à ses pieds des pygmées encore plus vils et plus bas que lui.

O jeunes Français, cessons d'accorder à de misérables histrions une estime dont nous aurions à rougir nous-mêmes. Le partage est facile. La rhétorique est un arsenal inépuisable. Jamais siècle ne fut plus fécond que le nôtre en discours savants, en protestations, en formules. A juger les hommes par leurs écrits, la France serait la terre classique des vertus fortes et patriotiques. Les femmes même, nous voulons dire celles qui se prostituent au pouvoir, ont plus d'une fois surpris et égaré l'opinion publique, reine exigeante et capricieuse, mais aveugle. Prose et vers, tout a été mis en œuvre par l'ambition et par la cupidité, et, depuis même, le génie de l'intrigue s'est ouvert des routes nouvelles. Mais le temps est venu où les apparences ne doivent plus être comptées pour des réalités ; le temps est venu où il ne sera permis qu'à certaines muses d'exploiter les sentiments les plus généreux et les plus grands, et où l'on aura le droit d'exiger des hommes qui aspirent à l'être autre chose que de vains sons. Ayons, jeunes Français, la noble impatience d'Achille, et écrions-nous enfin avec lui :

Il faut des actions et non pas des paroles !

Il est quelques personnages habiles dont les habitudes publiques ne sont trahies que par leurs habitudes privées. Il en est d'autres, au contraire, et c'est le plus grand nombre, qui, placés dans des situations plus critiques, étalent au grand jour leur turpitude et leur lâcheté, et se donnent incessamment à eux-mêmes de nouveaux démentis à la face de l'Europe entière. Non : il est impossible de croire que l'ambition et la cupidité aient produit, dans aucun temps et chez aucun peuple, une abnégation plus dégradante, un mépris plus complet et plus profond de soi-même. L'intérêt est la seule mesure des opinions, des croyances et des sentiments ; la versatilité, l'incertitude, et par conséquent la faiblesse et la pusillanimité, sont aujourd'hui les principaux éléments de tout caractère politique. Vous ne trouverez nulle part une vraie et inébranlable conviction. Que le drapeau blanc cédât la place au croissant, et la même foule assiégerait aussitôt toutes les avenues du pouvoir. La Charte ou le Koran, s'écrieraient-ils à la fois, peu nous importe ! des biens et des dignités, voilà ce qu'il nous faut avant tout ; et voilà en effet ce qu'ils demandent, et ce qu'à nos yeux ils prétendent obtenir à tous prix, au prix même de l'honneur!.. Certes, les exemples ne nous manquent pas ; grands et petits, petits *et infiniment petits*, ces hommes, au fond, se res-

semblent tous ; mêmes mœurs, même bassesse
et même orgueil : depuis le philosophe austère
qui cache son front dans les nuages d'une obs-
cure métaphysique , jusqu'au journaliste timide
et souple , tous sont en proie à la même ambition , à la même cupidité ! (1)

Qu'il nous en a coûté , jeunes Français , de
plonger le scalpel dans ces plaies honteuses qui
rongent depuis si long-temps notre corps social !
Ah ! peut-être notre douleur est-elle encore plus
vive que notre indignation ; elle a fait tomber la
plume de nos mains , et nous ne pouvons conti-
nuer le tableau dont nous avons seulement es-
quissé quelques traits. Il nous tardait de vous le

(1) Le *Journal grammatical* de M. Marle (30e numéro)
révèle un fait très digne de remarque, et ce fait, le voici :
M. Armand Marrast venait de soumettre à une critique impartiale les savantes absurdités du grand pédagogue de
nos jours, de M. Cousin. Aussitôt, une lettre lui est adres-
sée par un des disciples du moderne Platon, dont l'éloge
n'est point oublié. Après quelques ridicules flagorneries par
lesquelles on espère gagner M. Marrast lui-même, on ajou-
te : « Au lieu de combattre obscurément, monsieur, il vous
« appartient de vous joindre à cette *milice* d'écrivains qui
« se font honneur d'être de leur siècle ». Que penser d'une
pareille démarche que M. Marrast a daigné livrer à l'appré-
ciation publique? n'y reconnaît-on pas l'esprit de cette secte
ambitieuse et dominatrice que la justice du pays a deux fois
proscrite et flétrie? ne sont-ce point les mêmes actions, et
n'est-ce point le même langage?... Certes, nous ne tombe-

dire : les amis sincères de leur pays ne sont point cependant tombés tous sur les champs de bataille ; ils n'ont point tous, glorieuses victimes de la liberté, péri sur les échafauds : des noms intacts, des illustrations pures, fondées sur de longs et rares services, exciteront à jamais notre admiration et notre enthousiasme ; des célébrités plus récentes, et dont l'éclat ne s'est point terni au sein des miasmes qui s'exhalaient de toutes parts, vivront dans notre mémoire. Nos cœurs avides s'élanceront encore au devant de ces écrivains courageux, dont l'âme indépendante fut à l'abri de toutes les séductions et de toutes les influences. Ah! c'est ici que nous devrions ne pas craindre de citer des noms propres, et de payer un

rons point dans une digression étrangère à la lettre qui nous occupe ; nous ne ferons point ressortir ici tous les points de ressemblance que nous avons aperçus entre les enfants de Loyola et les adeptes d'une nouvelle école ; mais comment concilier avec le jargon obscur où perçait une si douce tolérance le *compelle eos instrare,* appliqué à M. Marrast? Quoi, vous demandez inintelligiblement la liberté des opinions et des croyances, et vous ne pouvez souffrir la noble indépendance d'un écrivain consciencieux? Quoi, vous prétendez combattre avec les seules armes de la logique, du bon sens et de la vérité, et vous ne savez que tendre les piéges d'une basse flatterie à un athlète courageux et fort, qui vous écrase?... Non, non, *tous les jésuites ne sont pas à Montrouge,* ils ne portent point tous la longue et traînante robe noire, et le chapeau triangulaire ; mais, tôt ou tard, ils seront livrés tous au mépris et à la haine de la nation.

premier tribut à de nobles talents et à de modes-
tes vertus ; c'est ici que surtout nous voudrions
dessiner l'image de ce vénérable vieillard, de ce
zélé et vrai citoyen, dont la bouche accusatrice,
en appelant le châtiment sur des ministres per-
vers, a déjà vengé la France. Jeunes Français,
ce sont là les modèles que nous suivrons ! En
nous séparant de tous les hypocrites, tristes
jouets de leurs détestables passions, rallions-
nous à ces beaux caractères, si dignes de notre
pays et de nous-mêmes! Poussons ensemble un
cri de patriotisme et d'union, confondons nos
vœux et nos espérances dans une commune et
inaltérable confraternité; et, devançant le jour
où nous marcherons de plus près sur leurs géné-
reuses traces, élevons de nos mains une tribune,
et qu'à nos voix libres et pures la France recon-
naisse enfin tous ses véritables enfants (1)!

(1) Notre projet est de faire bientôt paraître sous le titre
de *Tribune de la jeune France* un journal hebdomadaire
ou mensuel. Les souscripteurs seraient de droit correspon-
dants ou rédacteurs : car il importe d'ouvrir une carrière
aux jeunes talents. Mais ce n'est encore qu'un projet, dont
la réalisation dépendra, nous devons l'avouer, de l'empres-
sement avec lequel sera accueillie cette brochure, fidèle ex-
pression de nos opinions et de nos sentiments. Jusque là,
nous demeurerons anonymes; c'est peut-être une sage dis-
crétion, et, du reste, il n'y a de honte à cacher son nom
que lorsqu'on se ment impudemment à soi-même, dans ses
propres écrits !...

Une grande tâche nous est imposée : sachons la remplir. La plupart d'entre nous, isolés dans l'immense capitale, où ils sont arrivés peut-être avec les séduisantes illusions de notre âge, cèdent trop tôt à un amer découragement. Ils s'étaient trompés sur les hommes et sur les choses: ils voient l'intrigue repoussant partout le mérite; et le plus glacial égoïsme répond seul à leurs transports. Qu'ils se précipitent auprès de notre tribune, et ils nous trouveront pleins des émotions sympathiques qu'ils recherchaient si vainement ! Qu'ils viennent : ils trouveront en nous, non des protecteurs impudents, mais des amis, des frères ! Jeunes Français, aidons-nous tous, aidons-nous nous-mêmes, soyons nous-mêmes nos propres organes, nos propres guides; faisons-nous nous-mêmes une place dans la France!

Quels avantages n'avons-nous point sur ceux que notre obscurité et notre silence ont rendus jusqu'ici si dédaigneux et si vains ! Peut-être ne devons-nous point à une nature meilleure, mais à des circonstances plus heureuses, la hardiesse de nos inspirations; quoi qu'il en soit, nous leur dirons avec le juste sentiment de nos forces : Notre vie est sans tache ; nous ne nous sommes point baignés dans le sang de nos concitoyens; nous n'avons aucun compte à rendre de nos actions passées ; des excès de la licence nous ne sommes point tombés dans les excès du servilisme; nous n'avons jamais aliéné notre conscience; nous n'avons point montré, en des temps divers, des opinions différentes ; nous n'avons pas plus à redouter le mépris que la haine. Aujourd'hui, nous prenons à jamais l'engagement solennel et sacré de ne trahir ni notre pays ni nous-mêmes ; si nous y manquons , que l'infamie nous attende!

Nous aimons sincèrement la Charte, signe de concorde et de paix ; nous la voulons avec ses développements et ses conséquences , et nous pensons que les progrès toujours croissants des lumières et de la civilisation doivent être consacrés , dans l'intérêt général , par la constitution et par les lois. Appelés à traiter des théories politiques, notre inexpérience serait peut-être la source de quelques erreurs ; mais nous serions toujours exempts des reproches de mensonge, de mauvaise foi et de vénalité.

Quant aux systèmes philosophiques, nous ne sommes point épris, il faut l'avouer, d'un fol enthousiasme pour ces penseurs creux, dont le jargon pédantesque, si peu en harmonie avec l'esprit et le caractère de notre nation, voudrait nous ramener aux tristes jours de l'école. Nous ne savons point encore nous passionner pour des abstractions. Notre faible intelligence a besoin de s'appuyer sur des faits. Du reste, nous attachons une haute importance à la philosophie morale, si négligée de nos jours : celle-là pourrait bien ne point s'ajuster à l'éloquence de nos docteurs ; mais elle parle puissamment à notre âme, et elle nous élève quelquefois à la vertu !

La littérature réclamera surtout notre attentention et notre zèle. Cette branche si importante des connaissances humaines doit participer sans doute à la même force de vie que les autres. Au milieu du mouvement général qui étend, développe et perfectionne tout, la littérature ne sera point, seule, stationnaire. Les règles du goût, plus variées qu'on ne le croyait communément, sont fixes et immuables, mais les formes sont infinies, et le grand art consiste à employer celles qui conviennent au temps où l'on écrit. Une critique impartiale, quoique sévère, éclaircira peut-être, sans la résoudre, la question qui divise aujourd'hui la littérature. Nous nous appliquerons essentiellement à être vrais. Dans la critique ordinaire, nous aurons une égale horreur et pour la satyre et pour les basses et audacieuses apologies à tant la ligne. Nous ne sommes point, nous ne serons jamais des hommes de métier, c'est-à-dire des mercenaires : nous avons le sentiment intime de notre dignité ; il ne nous abandonnera jamais !

En un mot, nous paraîtrons, en toutes choses, ce que nous sommes, et nous répondrons partout de nous-mêmes !

Jeunes Français, nous accomplissons, en vous adressant ces lignes, un devoir doux et pénible à la fois.

Vous répondrez, nous l'espérons, à notre appel!

Formons (la nécessité vous en est démontrée), formons une *Sainte-Alliance!* Nous sommes nés avec le siècle, ses destinées sont les nôtres; marchons et grandissons avec lui! Qu'on lise sur notre étendard cette devise qui est au fond de nos cœurs et sur nos lèvres: *Honneur, loyauté, patrie!...* Naguère, la calomnie a versé sur nous ses poisons: aujourd'hui la flatterie nous tend ses piéges. Nous avons été loin de la vengeance: mais soyons aussi loin de la faiblesse!

IMPRIMERIE DE GUIRAUDET,
RUE SAINT-HONORÉ, N° 315.

www.ingramcontent.com/pod-product-compliance
Lightning Source LLC
Chambersburg PA
CBHW061034090726